Les proverbes de Salomon

Édition en larges caractères et annotée

Alfred Loisy

ALICIA ÉDITIONS

Table des matières

Introduction	5
I	8
II	27
III	49

Introduction

L'Ancien Testament ne contient pas d'œuvres à proprement parler philosophiques. Le génie sémitique en général, et le génie hébreu en particulier, ne sont point tournés vers les spéculations abstraites et les déductions sévères du raisonnement. Cependant, il y a dans la Bible un certain nombre d'écrits qui peuvent représenter, jusqu'à un certain point, ce que l'Antiquité appelait philosophie, car ils ont pour objet de faire connaître la sagesse, et en même temps, de la faire aimer et pratiquer. Ces livres sont les Proverbes, Job, l'Ecclésiaste, l'Ecclésiastique et la Sagesse. Le dernier seul, produit du judaïsme alexandrin, accuse l'influence de conceptions étrangères aux anciens sages d'Israël ; encore cette influence s'est-elle exercée plutôt sur la manière de parler que sur le fond même des idées [1].

Nous dirons plus loin avec détails ce qu'était la

sagesse : comme objet de la connaissance humaine, c'était la science de Dieu, du monde et de la vie. Il est certain que le genre de spéculation et de littérature dont ce mot (en hébreu *chokmah*) est l'expression reçue, fut cultivé, en des temps assez reculés, par les Hébreux et par d'autres peuples, leurs voisins. On est même fondé à croire que certaines tribus arabes avaient précédé Israël dans cette voie, car la sagesse des « fils de l'Orient » paraît avoir été proverbiale avant qu'il y eût seulement des sages parmi les descendants de Jacob. C'est surtout du côté de l'Idumée que l'ancienne tradition, dont nous avons pour témoins les livres de Job, des Proverbes et de Baruch, nous invite à chercher les précurseurs et les émules de Salomon [2]. Les sages de Théman étaient-ils aussi pénétrés de l'esprit religieux que l'est, par exemple, l'auteur de Job ? Cela est peu probable. Sans doute, ils se complaisaient dans les observations piquantes, les sentences pratiques, les allégories fines, les propos énigmatiques dont les livres hébreux nous offrent parfois de curieux exemples. Deux morceaux des Proverbes [3] qui ne semblent pas d'origine israélite, sont tout ce qui nous reste des charmants jeux d'esprit où ces vieux philosophes résumaient toute leur science.

Même chez les Hébreux, l'histoire de la sagesse est assez difficile à suivre à cause de l'incertitude où l'on est touchant la date qu'il convient d'assigner à plusieurs des livres mentionnés plus haut. Pour apprendre cette histoire, il faut donc commencer par

Les proverbes de Salomon

l'examen critique des sources, et parmi celles-ci, on doit étudier d'abord les Proverbes de Salomon ; non que ce livre dans sa forme actuelle puisse être considéré comme le plus ancien, mais parce que, selon toute vraisemblance, il est, dans certaines parties, antérieur aux autres et qu'il forme comme un répertoire des questions agitées par les sages durant plusieurs siècles.

C'est pourquoi nous allons traiter ici de la nature des auteurs et de la doctrine du livre des Proverbes.

---

1. V. J. Corluy, *La Sagesse dans l'Ancien Testament*, dans les comptes rendus du *Congrès scientifique international des catholiques*, I, p. 70 et suiv.
2. *Job*, II, 11 ; *Prov.* XXX, 1 ; XXXI, 1 ; *Bar.* III, 22-23.
3. *Prov.* XXX, XXXI, 1-9.

I

Le mot « proverbe » n'est pas tout à fait l'équivalent de l'hébreu *mashal*, et par suite, le titre vulgaire « Proverbes de Salomon », ne donne pas une idée exacte du livre qu'il annonce. D'après l'étymologie, *mashal* signifie comparaison, rapprochement de deux choses différentes pour mettre en relief le rapport qui existe entre elles. Ainsi, la notion primitive du *mashal* n'est pas sans quelque liaison avec la grande loi de la poésie hébraïque, le parallélisme : celui-ci, en effet, n'est pas autre chose que la symétrie des propositions, laquelle se fonde sur le rapprochement des idées. Dans l'usage, le mot *mashal* désigne premièrement un discours figuré, parabolique ; il se dit d'un morceau de poésie, quel qu'en soit le genre, mais surtout des sentences morales exprimées sous une forme poétique, et c'est dans cette acception que nous devons maintenant le prendre. Les Proverbes ne sont pas précisément un recueil de dictons populaires, mais des sentences et des exhortations morales, exprimées dans le rythme de la poésie. Ce livre, d'ailleurs, ne se présente pas à nous comme un tout homogène, soit pour la forme, soit pour le fond.

On trouve partout un parallélisme régulier ; partout aussi on rencontre, pour autant que nous en pouvons juger, la même mesure dans les vers. Mais toutes les pièces n'ont pas la même longueur : on voit ici des discours moraux qui ont jusqu'à vingt vers ; là des séries de pensées qui sont exprimées en un seul distique, et d'autres qui contiennent deux, trois distiques, et même quatre. Les diverses formes que le *mashal* a revêtues dans notre livre ont été soigneusement relevées [1].

La plus fréquente est le simple distique, soit que les deux membres parallèles forment une antithèse [2], soit qu'ils énoncent deux idées distinctes, mais ayant entre elles quelques analogies [3], soit que le second vers reproduise ou développe la pensée renfermée dans le premier [4], soit enfin qu'une comparaison prise dans la nature ou parmi les incidents de la vie quotidienne serve à faire valoir une idée morale [5]. Ce dernier genre de sentences est celui qui réalise le plus parfaitement la notion première du *mashal*. Dans les sentences de quatre, six et huit vers, le parallélisme est synonymique ou synthétique ; ou bien l'idée contenue dans le premier distique est expliquée dans les vers suivants ; on y trouve aussi des comparaisons, mais pas d'antithèses [6]. La plus curieuse variété de ces longues sentences est représentée par celles où l'auteur procède par énumération, après avoir indiqué dans le premier distique la somme totale des sujets dont il va parler, en faisant en sorte que le nombre, répété dans les deux vers, contienne dans le second, une unité de plus que dans le premier :

> « La terre s'émeut de trois choses,
> Et il y en a quatre qu'elle ne peut
> souffrir ;
> Un esclave qui devient roi ;
> Un sot qui vit dans l'abondance ;
> Une fille sans amants qui finit par
> trouver un mari,
> Et une servante qui prend la place de
> sa maîtresse [7] »

Enfin, l'éloge de « la femme forte » au dernier chapitre des Proverbes est un poème alphabétique dont les vingt-deux strophes consistent chacune en un seul distique.

Toutes ces espèces de *mashal* ne sont point disposées sur un plan régulier. Les Proverbes sont une compilation et non pas un livre au sens rigoureux du mot, c'est-à-dire une œuvre homogène, émanant d'un seul auteur et rédigée dans un ordre voulu par lui. Bien que le titre « Sentences de Salomon » paraisse aussi clair et explicite que possible,

Les proverbes de Salomon

on aurait tort de l'interpréter d'après nos idées modernes et de croire que le livre des Proverbes soit sorti, tel que nous l'avons, des mains de Salomon et qu'il appartienne à ce prince de la même façon que les *Pensées* appartiennent à Pascal. Une lecture superficielle de l'ouvrage suffit pour reconnaître que ce titre n'a pas toute la portée qu'on serait tenté de lui attribuer.

Les six premiers versets forment prologue et expliquent le titre :

> « **Sentences de Salomon, fils de David, roi d'Israël :**
> Pour connaître la sagesse et la discipline,
> Pour comprendre les discours de la prudence ;
> Pour apprendre les leçons de la raison,
> La justice, le droit et l'équité ;
> Pour donner aux simples la finesse,
> À l'adolescent, la science et le conseil ;
> (Le sage, à les entendre, deviendra plus docte,
> Et l'homme prudent recueillera les règles de la conduite) ;
> Pour comprendre les sentences et les paraboles,
> Les dires des sages et leurs énigmes [8] ».

C'est la notion du *mashal*, comme nous l'avons analysée plus haut. Mais il faut remarquer cette expression : « Les dires des sages et leurs énigmes ». Est-ce que Salomon aurait emprunté son enseignement à d'autres, ou bien serait-il seulement un des sages que nous allons entendre ? Après ce prologue, il n'y a guère dans les neuf premiers chapitres que des discours moraux qui ont tous le même objet : louer la sagesse, exhorter à l'étude et à la pratique de la sagesse. On y trouve aussi un petit nombre de sentences détachées [9]. Mais nous n'y voyons pas ces leçons variées qu'on nous annonçait tout à l'heure, ni les paraboles, ni les dires énigmatiques des sages. Tous ces discours, si élevée qu'en soit la doctrine, ont le caractère d'une introduction ; la sagesse pour laquelle on réclame ou qui demande elle-même l'attention des auditeurs n'a pas encore exposé réellement et en détail cette science de la vie qu'elle est seule à posséder, et à la fin du neuvième chapitre, nous sommes encore dans les préliminaires.

Le vrai *mashal* apparaît seulement au dixième chapitre. Là, nous rencontrons un nouveau titre : « Sentences de Salomon ». Suit une longue série de pensées morales [10] contenues chacune dans un seul distique et présentant généralement la forme d'une antithèse. Dans plusieurs, le parallélisme est synonymique ou synthétique ; à peine y a-t-il deux exemples de sentences paraboliques. Les pensées semblent groupées au hasard, et on ne voit pas que

Les proverbes de Salomon

le classement soit, en général, déterminé par l'analogie du sujet. Il est après cela très remarquable que certaines sentences qui n'ont entre elles aucun lien logique paraissent avoir été rapprochées les unes des autres à cause de la présence d'un même mot dans les différents distiques. Mais ce n'est pas là un principe de classification rigoureusement appliqué.

Cette collection présente une particularité plus importante, les nombreuses répétitions qu'elle renferme. Tantôt la même pensée revient en termes identiques [11], tantôt avec de légères nuances d'expression [12] ou bien avec une modification peu importante du sens et de la forme [13] ; ou encore un seul membre du distique est répété tandis que l'autre est entièrement nouveau [14]. Le grand nombre et la nature de ces répétitions ne permettent pas d'y voir des accidents de transcription. Mais le fait n'en est que plus extraordinaire et plus difficile à expliquer. Qu'il y ait des répétitions entre des collections différentes, cela ne tire pas à conséquence, parce que ces collections ont pu se former plus ou moins indépendamment l'une de l'autre ; on ne voit pas aussi bien comment les répétitions se sont introduites dans une seule et même collection, qui d'ailleurs, prise en elle-même, est assez peu volumineuse.

On a dit que Salomon n'écrivant pas lui-même ses pensées pouvait bien se répéter sans y prendre garde et sans que le secrétaire qui les consignait dans un livre, à des intervalles plus ou moins éloignés, s'en aperçût davantage. Mais il est impossible que les secrétaires de Salomon, si cette collection de sentences est sortie de leurs mains telle que nous l'avons, n'aient pas remarqué des répétitions qui, dans plusieurs cas, sont très rapprochées l'une de l'autre. C'est pourquoi on suppose volontiers que le recueil actuel provient d'un choix qui a été fait dans une collection beaucoup plus étendue, où les répétitions étaient moins frappantes, puisqu'elles étaient plus espacées. Nous reviendrons plus loin sur cette hypothèse. Il suffit pour le moment d'observer que l'inadvertance du collecteur serait encore plus incompréhensible que celle des secrétaires de Salomon ; car en choisissant les sentences, il n'a pu manquer de voir les répétitions, à moins qu'il n'ait pas apporté à son œuvre plus de soin et de goût qu'il n'y a mis d'ordre.

L'exemple qu'on allègue parfois des psaumes conservés en double [15] prouve contre la thèse qu'on veut soutenir et nous met sur la voie d'une explication meilleure. Les psaumes en question sont une composition primitivement unique, laquelle nous est parvenue en deux recensions qui offrent certaines variantes. Il est de toute invraisemblance que le psalmiste ait remis deux fois son ouvrage sur le métier ; mais le texte original a subi quelques modifications soit dans la transmission orale, soit sous la main des copistes, et c'est ainsi qu'un seul et mémo cantique se présente à nous sous deux formes. Le même fait a dû se produire plus facilement encore à l'égard de simples sentences qui ont été sans doute conservées d'abord dans la mémoire, puis consignées dans des recueils séparés, et enfin réunies en collection générale à une époque où le respect des textes anciens empêchait d'y opérer la moindre soustraction.

Avec le dix-septième verset du chapitre vingt-deuxième commence une exhortation morale [16], pareille à celles qu'on trouve au commencement du livre. Le texte semble incomplet au début et altéré dans quelques parties des versets suivants. Ce discours introduit une série de pensées [17] qui sont exprimées presque toutes en strophes de quatre, six ou huit vers ; il y a même, vers le milieu, un petit sermon contre l'ivrognerie. On y trouve aussi quelques répétitions [18] qui consistent en un seul vers reproduit en termes identiques ou avec de légères modifications dans deux sentences différentes. Ici encore, nous avons à faire à une collection et plusieurs de ces sentences qui débutent de la même manière doivent être considérées comme des variations d'un seul thème traditionnel [19].

Il faut expliquer de la même façon le rapport qui existe entre quelques passages de cette collection et certaines pensées de la collection précédente [20].

Le titre du recueil fait défaut : sans doute, il a disparu dans la lacune que nous signalions tout à l'heure. Mais on peut en conjecturer la teneur d'après les premières paroles du discours et d'après le titre du morceau suivant. Le discours commence ainsi :

« Prête l'oreille
Et écoute les paroles des sages » [21]

Les pensées qui suivent n'appartiennent donc pas à Salomon, mais à des sages inconnus. L'auteur, il est vrai, ajoute :

« Applique ton cœur à ma science »

La science de celui qui parle et les dires des sages sont une même chose. Mais, il suit de là seulement que l'auteur du discours a retenu et copié les sentences dont il est question, non pas qu'il les ait composées. Le morceau suivant a pour titre : « Cela *aussi* vient des sages » [22]. Il faut croire que ce qui précède a la même origine.

La plupart des modernes traduisent comme nous venons de le faire les mots *Gam elle lachkamim*. La comparaison des titres des psaumes, conçus dans le même style elliptique, invite à voir dans la particule *la* ce qu'on appelle, en langage de grammairiens, le *lamed auctoris*, et à traduire *lachkamim* : « Des sages », comme on traduit *l'David* : « De David ». Tous les autres titres qu'on trouve dans les Proverbes désignent les auteurs de sentences [23]. Le sens donné par les anciennes versions et par

Les proverbes de Salomon

certains exégètes contemporains : « Cela aussi est pour les sages », n'est rien moins que satisfaisant, car la chose n'était pas très nécessaire à dire, et d'ailleurs le livre entier ne s'adresse pas aux sages, mais aux jeunes gens sans expérience, aux ignorants de bonne volonté. Le titre qui se trouve en tête du vingt-cinquième chapitre dit bien aussi : « Voici encore des sentences de Salomon » ; mais pour inférer de là que les deux chapitres précédents appartiennent à Salomon, il faudrait prouver que le titre en question a toujours immédiatement suivi les deux petites collections attribuées aux sages et que, cela même étant admis, il ne peut pas viser la première et la plus grande collection de sentences, par-dessus les deux petits recueils qui l'en séparent.

La seconde collection « des sages » [24] ne contient que cinq pensées inégalement développées et dont la dernière présente, avec de notables modifications, la description du paresseux, déjà donnée dans la première partie du livre [25]. Ces pensées ne sont peut-être qu'un fragment d'un ouvrage plus considérable dont le reste s'est perdu.

Une collection plus importante est annoncée par cette notice : « Voici encore des sentences de Salomon qu'ont transcrites les hommes d'Ézéchias, roi de Juda » [26]. Nous apprenons là qu'un recueil de pensées attribuées à Salomon a été formé ou plutôt copié (car le texte ne suppose pas qu'on ait puisé dans une collection plus ample ou dans la tradition orale), par les soins du roi Ézéchias et de son entourage. Le livre des Proverbes, dans sa forme actuelle, ne peut donc pas être antérieur au règne de ce prince ; mais, quoi qu'en dise la tradition rabbinique, rien ne prouve qu'il ait été constitué alors. Si les gens d'Ézéchias avaient collectionné le livre entier, on ne dirait pas qu'ils en ont rassemblé une partie. Les mots : *Gam elle mishlê Sh'lomo*, et le reste, donne à penser que ce titre ne vient pas tel qu'il est des hommes d'Ézéchias, mais du collecteur général, le même qui a écrit précédemment : *Gam elle lachkamim*. Par suite, on n'a pas le droit de s'appuyer sur cette donnée pour soutenir que la collection ézéchienne suppose faite la grande collection dont nous avons parlé plus haut.

Les mots de notre titre : *gam elle*, « voici encore », se rapportent sans doute à cette collection ; mais ils ont simplement une portée locale, si je puis m'exprimer ainsi, et ils se réfèrent au précédent recueil, en tant que celui-ci a été placé le premier dans le livre : ils n'ont pas de valeur historique et chronologique pour déterminer la situation respective des deux collections en ce qui concerne la date de leur rédaction première. On comprend très bien que le plus grand recueil, non daté, ait été placé le premier, et l'autre, daté mais plus petit, le second. Le même principe de classement a été appliqué dans la formation du canon hébreu : les petits prophètes y sont mis après les grands, nonobstant la chronologie, et parmi les petits prophètes, Osée vient le premier, non qu'il soit le plus ancien, mais parce que sa prophétie était la plus longue.

La collection ézéchienne comprend cinq chapitres [27] ; elle renferme deux parties bien distinctes dont la première se termine avec le chapitre vingt-septième par un petit poème où l'on fait l'éloge de la vie champêtre, et la seconde contient les deux chapitres suivants. La première partie offre un très grand nombre de sentences paraboliques : c'est incontestablement le morceau le plus poétique de tout le livre. Les distiques y sont en majorité, mais il y a aussi des sentences de quatre vers et des chaînes de distiques relatifs au même sujet. Certaines de ces réflexions qui ont une valeur psychologique, n'ont pas grande portée morale. La seconde partie, beaucoup plus terne d'expression, ne contient que des distiques, sentences morales avec parallélisme antithétique, synonymique ou synthétique et qui ressemblent tout à fait à celles de la grande collection. Une critique audacieuse supposerait que le recueil d'Ézéchias finit au vingt-septième chapitre. Mais il est plus simple et tout aussi naturel d'admettre que les auteurs de ce recueil ont puisé à deux sources, ou plutôt qu'ils ont réuni ensemble deux documents primitivement distincts et de caractère différent.

Une seule sentence de la première partie se trouve répétée dans la seconde en termes presque identiques, mais avec une différence de signification assez prononcée ; le fait s'explique sans difficulté si l'on admet que la collection ézéchienne est formée de deux morceaux qui ont existé d'abord séparément. Mais un très grand nombre de pensées contenues dans la première collection reviennent dans celle-ci, sous la même forme [28], ou bien avec quelques différences de sens et d'expression [29]. La comparaison des passages où il y a quelques divergences ne permet pas toujours de distinguer où se trouve la forme primitive de la pensée ; mais il paraît certain que la collection ézéchienne a retenu dans plusieurs sentences [30] le texte le meilleur et le plus ancien. Les deux collections sont indépendantes l'une de l'autre, car la plus grande partie de la collection ézéchienne ne se retrouve en aucune façon dans la précédente ; les quatre sentences qui sont identiques dans les deux recueils ont l'apparence de dictons populaires et ne sont pas nécessairement empruntés d'un texte à l'autre ; enfin les divergences qui se produisent dans les autres passages parallèles attestent que la plus ancienne des deux compilations n'a pas été mise directement à contribution pour la plus récente.

Au trentième chapitre, nous trouvons les « Paroles d'Agur, fils de Jaqé, le massaïte » [31]. Persuadés que tout le livre était de Salomon, les anciens n'ont pas compris ce titre : les Septante n'y ont même pas reconnu de noms propres et l'ont complètement dénaturé dans leur traduction ; saint Jérôme prenant Agur et Jaqé pour des appellations symboliques a traduit ces mots d'après l'étymologie [32].

Les proverbes de Salomon

Agur, tout le monde l'admet aujourd'hui, est un sage autre que Salomon, et, selon toute vraisemblance, il appartenait à quelque tribu arabe, voisine d'Israël. Ses pensées ont en général une certaine étendue : quatre, six, huit et même dix vers. Les premières ont un caractère suffisamment religieux ; mais l'auteur ne tarde pas à s'émanciper et à tenir des discours un peu profanes. Il aime les énumérations sentencieuses : nous avons déjà cité les quatre insupportables ; Agur nous apprend quels sont les quatre insatiables, les quatre inconnaissables, les quatre plus petits sages, les quatre qui marchent bien. Ce genre essentiellement populaire ressemble fort au jeu des énigmes qui amuse tant les enfants et les bonnes gens des campagnes pendant la veillée : il peut manquer parfois d'élévation morale, mais il est très-compatible avec la poésie et la finesse d'esprit. Le texte d'Agur a souffert. Peut-être cet homme ingénieux avait-il composé d'autres sentences qui ont péri.

« Les paroles de Lemuel, roi de Massa » [33] doivent être également d'un auteur étranger à la race d'Israël. Ce n'est qu'un fragment qui renferme trois sentences de quatre et huit vers. La mère du roi est censée lui adresser des conseils contre la fréquentation des femmes, l'ivrognerie et l'injustice.

Vient enfin l'éloge de « la femme forte » [34], petit poème didactique sur les vertus et les mérites de la bonne ménagère. L'auteur s'est placé à un point de vue essentiellement pratique ; il met en relief l'activité de la maîtresse de maison dans les divers travaux qui sont de son ressort, et les avantages temporels qui en résultent pour la famille. Le tableau qui est très-vivant n'est pas sans valeur littéraire. Les collecteurs qui nous ont conservé ce morceau paraissent en ignorer la provenance : ils n'y ont pas mis de titre. Étant données les conditions dans lesquelles il se présente, on n'a aucune raison de l'attribuer à Salomon.

Ainsi l'analyse que nous venons de faire nous a montré dans le livre des Proverbes les éléments suivants :

1° Un titre ou prologue (I, 1-6) au sujet duquel on peut se demander s'il vient du dernier compilateur des Proverbes, ou d'un collecteur particulier, par exemple de celui qui a écrit ou rassemblé les neuf premiers chapitres ;

2° Des discours moraux (I, 7-IX) qui ont l'air d'être une introduction aux proverbes proprement dits et dont il reste à savoir s'ils forment une collection ou s'ils sont l'œuvre d'un seul auteur, soit Salomon, soit celui qui fait le grand recueil de sentences, soit quelque autre ;

3° Une collection de sentences (X-XXII, 16) qui sont attribuées à Salomon, mais qui n'ont pas dû être écrites ni réunies de son temps : nous aurons à déterminer autant que possible la date de leur rédaction et le degré de conformité qui existe entre ce recueil et les pensées originales de Salomon ;

4° Deux groupes de pensées (XXII, 17-XXIV,

Les proverbes de Salomon

22 ; XXIV, 23-34) dont les auteurs et la date sont inconnus ;

5° Une collection de sentences (XXV-XXIX) plus ample que les deux précédentes, moindre que la première, et qui est datée du règne d'Ézéchias ; ici encore nous ignorons l'époque de la rédaction primitive et le rapport de cette rédaction avec les sentences que Salomon a réellement prononcées ;

6° Deux petits recueils de pensées (XXX, XXXI, 1-9) dont les auteurs ne semblent point israélites : nous ne connaissons ni l'époque de leur composition, ni celle de leur admission dans la littérature d'Israël ;

7° Un poème alphabétique (XXXI, 10-31) dont l'auteur et la date sont pareillement inconnus.

Dans ces conditions, il est assez malaisé de dire par quelles étapes successives a passé notre livre des Proverbes, comment et à quelle époque, il a été définitivement constitué. Les opinions que nous allons émettre à ce sujet seront nécessairement hypothétiques ; nous ne les proposerons point comme certaines, mais comme probables. Cette incertitude qui ne serait pas sans inconvénients s'il s'agissait d'un ouvrage historique ne tire pas beaucoup à conséquence pour un livre comme celui dont nous parlons, et il importe assez peu au fond que telle sentence particulière soit de tel auteur, qu'elle remonte à telle date, que la collection générale se soit formée de telle ou telle façon. Mais ce qui n'a pas d'importance au point de vue abstrait de

Alfred Loisy

la théologie ne laisse pas d'en avoir au point de vue de l'histoire littéraire des Livres saints. Les questions que nous avons maintenant à traiter, pour n'être pas de celles qu'un lien plus étroit avec l'histoire religieuse ou le dogme rend particulièrement délicates, n'en ont donc pas moins leur valeur et leur intérêt ; seulement, la critique s'y exerce avec d'autant plus de liberté qu'elle peut le faire sans danger.

---

1. Surtout par F. Delilzsch, *Das Salom. Spruchbuch* (1873), 7-17.
2. *Prov.* X, 1.
3. *Prov.* XIV, 17.
4. *Prov.* XI, 25 ; XIII, 14.
5. *Prov.* X, 26 ; XXV, 14 ; XXVII, 17.
6. *Prov.* XXIII, 15-16 ; XXX, 17 ; XXIII, 1-3 ; XXIII, 6-8, etc.
7. *Prov.* XXX, 21-23.
8. *Prov.* I, 16.
9. *Prov.* I, 7, pensée détachée ; II, 8 19, discours contre les mauvaises compagnies ; 1, 20-23, discours de la sagesse ; châtiments de ceux qui la dédaignent, bonheur de ceux qui l'écoutent ; II, exhortation à la sagesse et contre le désordre des mœurs ; III, 1-12 exhortation à la sagesse ; III, 13-20, éloge de la sagesse ; III, 21-26, discours sur les avantages de la sagesse ; III, 27-85, conseils particuliers : IV, 1-9, 10-19, exhortation à la sagesse ; IV, 20-27, conseils particuliers ; V, contre le désordre des mœurs ; VI, 1-19, pensées détachées, VI, 20-35, VI, contre le désordre des mœurs ; VIII, allocution de la sagesse, son éloge, exhortations ; IX, parallèle de la sagesse et de la folie. Les v. 7-10, 12 du ch. IX contiennent des sentences détachées qui, à la place où elles se trouvent, sont de véritables interpolations ; peut-être sont-elles arrivées là par un accident de copie et proviennent-elles de la collection qui suit.
10. *Prov.* X-XXI, 16.
11. *Prov.* XIV, 12 ; XVI, 25.

Les proverbes de Salomon

12. *Prov.* X, 1 et XV, 20 ; XIV, 20 et XIX, 4 ; XVI, 2 et XIX, 2 ; XIX, 5 et XIX, 9 ; XX, 10 et XX, 23 ; XXI, 9 et XXI, 19.
13. *Prov.* X, 2 et XI, 4 ; XIII, 14 et XIV, 27.
14. Avec répétition du premier membre, *Prov.* X, 15 ; XVIII, 11 ; du second membre, X, 6 ; X, 11. Répétition d'un membre avec légères modifications : XI, 13 et XX, 19 ; XI, 21 et XVI, 5 ; XII, 14 et XIII, 2 ; XIV, 31 et XVII, 15 ; XVI, 18 et XVIII, 12 ; XIX, 12 et XV, 2. Cf. XVI, 28 et XVII, 9 ; XIX, 25 et XXI, II. Voir la discussion de ces passages dans Delitzseh, *op. cit.* 21-26.
15. Ex. : *Ps.* XIV (vulg. XIII et LIII (vulg. LIV).
16. *Prov.* XXII, 17-21.
17. Prov. XXII, 22 - XXIV, 22.
18. *Prov.* XXIII, 3^a, 6^b ; XXII, 28^a ; XXIII,-10 ; XXIII, 17^a ; XXIV, 19^a ; XXII, 23^a ; XXIII, 11^b ; XXIII, 17^a : XXIV, 1^a.
19. *Prov.* XXIII, 17, XXIV, 1 et XXIV, 19 ; (*Cf. Ps.* XXXVII, vulg. XXXVIII, 1) ; XXII, 28 et XXIII, 10.
20. *Prov.* XXIII, 27^a : XXII, 14^a ; XXIV, 6 : XI, 14 ; XXIV, 20^b : XIII, 9^b.
21. *Prov.* XXII, 17.
22. *Prov.* XXIV, 23.
23. *Prov.* I, 1 ; X, 1 ; XXV, 1 ; XXX, 1 ; XXXI, 1.
24. *Prov.* XXIV, 23-24.
25. *Prov.* VI. 6-11.
26. *Prov.* XXV, 1.
27. *Prov.* XXV-XXIX.
28. *Prov.* XXV, 24 ; XXI, 9 ; XVI, 22 ; XVIII, 8 ; XXVII, 12 ; XXII, 3 ; XXVII, 13 ; XX, 16.
29. Même sens, avec quelques différences d'expression, *Prov.* XXVI, 13 ; XXII, 13 ; XXVI, 15, XIX, 24 ; XXVIII, 6 ; XIX, 11 ; XXVIII, 19, XII, 11 ; XXIX, 13 ; XXII, 2. Distiques avec un seul membre répété, *Prov.* XXVII, 21 ; XVII, 3 ; XXIX, 22 ; XV, 18 ; XXVII, 15 ; XIX, 13.
30. Cf. *Prov.* XXVI, 13 ; XXVIII, 15 ; XXVIII, 6-19 ; XXIX, 13, et XXII, 13 ; XIX, 13 ; XIX, 1 ; XII, 11 ; XXII. 2.
31. *Prov.* XXX, 1. L'Hébreu porte *massa* « l'oracle », ce qui n'a pas de sens. De même, XXXI, 1, la ponctuation massorétique sépare *massa* de ce qui précède, de façon que le passage signifie : « Paroles de Lemuel, roi. Oracle ». *Massa* doit être un nom de lieu (*Cf. Gen.* XXV, 14), Les rabbins se refusaient à croire que les gens de Massa eussent fourni quelque chose à la Bible d'Israël. Il faut traduire : «

Alfred Loisy

Agur…., de Massa » ou « le massaïtye », « Lemuel, roi de Massa ».
32. *Verba Congregantis filii Vomentis.*
33. *Prov.* XXXI ; 1-9.
34. *Prov.* XXXI, 10-31.

II

Les anciens en général attribuaient à Salomon tout le livre des Proverbes : cette opinion, combattue par le livre même, n'a pas besoin d'être discutée autrement. Il n'en est pas ainsi des systèmes très divers qui ont été soutenus dans les temps modernes, soit par l'exégèse que j'appellerai conservatrice, afin de réunir sous une même appellation les catholiques et les protestants orthodoxes, soit par l'exégèse rationaliste.

L'exégèse conservatrice ne défend plus l'authenticité salomonienne des paroles d'Agur et de Lemuel. Les opinions sont partagées en ce qui concerne les pensées « des sages » ; mais on admet que tout le reste vient de Salomon [1]. Ce prince, dit-on, avait laissé par écrit une quantité considérable de pensées sur toutes sortes de sujets : à deux reprises différentes, on a fait dans cette masse un choix d'où sont sorties les deux grandes collections de sentences (I-XXII, 16, XXV-XXIX) ; la première a été formée à l'époque même de Salomon, la seconde, au temps d'Ézéchias ; le livre entier s'est trouvé constitué à cette dernière date par la réunion des deux collections et l'addition des morceaux moins importants. Les faits que nous avons relevés dans l'analyse du livre et dont nous avons établi la juste portée, n'autorisent pas à voir dans quelques-unes de ces assertions, autre chose que des hypothèses plus ou moins vraisemblables.

D'abord, l'idée fondamentale du système, c'est-à-dire l'existence d'un grand ouvrage salomonien d'où notre livre des Proverbes aurait été tiré par le moyen d'extraits successifs, ne s'appuie sur aucun témoignage historique. Le texte des Rois [2], que l'on invoque ordinairement à ce sujet, ne suppose pas l'existence d'un livre : « Et Dieu, dit l'historien, donna à Salomon beaucoup de sagesse et de jugement, et une intelligence immense (littéralement : une largeur de cœur) comme le sable qui est au bord de l'océan. Et la sagesse de Salomon l'emporta sur la sagesse de tous les fils de l'Orient, et sur toute la sagesse des Égyptiens. Et, il fut plus sage que tous les hommes, plus qu'Éthan l'ézrachite, plus que Héman, Calcol et Darda, fils de Machol, et sa renommée s'étendit chez tous les peuples d'alentour. Et il *dit* trois mille sentences, et ses cantiques furent au nombre de mille cinq (?). Et il *discourut* sur les plantes, depuis le cèdre qui est sur le Liban, jusqu'à l'hysope qui sort de la muraille ; et il discourut sur les animaux, et sur les reptiles, et sur les poissons. Et l'on venait de tous les peuples, pour *écouter* la sagesse de Salomon, de la part de tous les rois de la terre, qui avaient entendu parler de sa sagesse. » Tout ce passage est évidemment l'écho d'un souvenir traditionnel et populaire dont on aurait tort de nier la valeur quant au fond et d'affirmer la précision quant à la forme. L'auteur procède à la manière des Orientaux, par hyperboles et chiffres ronds ; il n'a certes pas compté les trois mille sentences et il paraît bien ne les avoir jamais lues, non plus que le millier de cantiques et tout le reste. Il n'aurait sans doute pas employé constamment les formules « il dit », « il discourut », s'il avait eu en vue des livres connus. De son témoignage, il résulte que Salomon avait, à ce que l'on croyait, composé beaucoup de sentences, mais non pas qu'il en ait écrit ou fait écrire une seule [3]. Ce texte ne prouve en aucune façon que l'historien des Rois ait eu connaissance de notre livre des Proverbes ni du prétendu recueil de Salomon.

Maintenant, l'hypothèse d'un grand recueil salomonien, prise en elle-même, est-elle la plus admissible de toutes celles qu'on peut faire pour expliquer l'origine des Proverbes ? Le livre, dans son ensemble, ne représente pas une sélection, Mais une compilation. Nous avons observé déjà que les nombreuses répétitions qui se rencontrent dans la première collection de sentences ne permettent pas d'y voir le résultat d'un choix, mais plutôt la juxtaposition de petits recueils préexistants et formés d'après la tradition orale. Il ne faut pas oublier non plus la différence qui existe, au point de vue de la forme et de la valeur littéraire, entre les deux collections principales. On prétend que Salomon a composé des sentences de tout genre et de toute longueur, mais que le premier collecteur a choisi les distiques à antithèse, l'autre les sentences paraboliques, sans doute parce que cela convenait au but visé par chacun d'eux. Il serait bien difficile de dire sur quoi cette convenance serait fondée ; et puis il y a aussi dans la seconde collection plusieurs distiques à antithèse, du même caractère que ceux de la première, et qui, par conséquent, auraient dû trouver place dans celle-ci. La distinction qu'on veut établir au point de vue du but entre la grande collection qui serait destinée en général à l'éducation de la jeunesse, et la collection ézéchienne qui s'adresserait aux hommes faits, à commencer par le roi, dont les devoirs sont rappelés en premier lieu, est plus spécieuse que juste : la différence des deux recueils porte moins sur le fond des idées que sur les qualités de l'expression, et il faut assurément de très bons yeux pour discerner, d'après le contenu, les intentions diverses des collecteurs. Il est donc bien plus probable que nous sommes en présence de deux œuvres indépendantes l'une de l'autre quant à l'origine et qui, si elles ont été puisées en divers temps à la même source d'enseignement traditionnel, ne remontent pas à un même document écrit. L'époque de leur rédaction définitive doit avoir déterminé leur cachet particulier : celle dont la couleur est plus vive, plus originale, doit être jugée plus ancienne ; celle dont le style est plus terne, plus commun, plus monotone, a des chances d'être plus récente et d'appartenir à un âge de décadence littéraire. La collection ézéchienne est donc probablement plus ancienne que l'autre. Rappelons-nous aussi que dans un certain nombre d'endroits parallèles cette collection présente des leçons meilleures. Enfin, on ne voit pas pourquoi les gens d'Ézéchias, s'ils avaient eu sous la main un grand ouvrage de Salomon, n'auraient copié qu'une partie des sentences morales qu'il renfermait, ou bien s'ils avaient connu l'autre collection, pourquoi ils n'y auraient pas simplement ajouté la leur, sans marquer de distinction entre des sentences qui, dans l'hypothèse, auraient été extraites du même ouvrage. Bien que chacune de ces raisons, prise à part, ne soit pas absolument probante, l'ensemble me paraît créer une forte présomption en faveur de l'antiquité relative de la collection ézéchienne et contre l'existence d'un grand recueil salomonien.

Nous n'insisterons pas, après cela, sur les détails du système que nous critiquons. Nous avons prouvé déjà que les « paroles des sages » n'ont pas Salomon pour auteur. Elles ne sont pas non plus de lui comme collecteur : s'il n'a pas écrit ses propres sentences, à plus forte raison n'a-t-il pas recueilli celles des autres. En ce qui concerne l'éloge de « la femme forte », nous avons cru voir que le dernier compilateur des Proverbes en ignorait la provenance, et nous ne voulons pas en savoir là-dessus plus que lui.

Il nous reste donc à examiner l'origine du titre général et des neuf premiers chapitres. Nous tâcherons, après avoir discuté les systèmes rationalistes, d'assigner une date aux diverses parties du livre des Proverbes et d'expliquer dans quel sens et dans quelle mesure ce livre appartient à Salomon, bien qu'on ne puisse pas lui en attribuer la rédaction.

Pour défendre l'origine salomonienne des neuf premiers chapitres, on s'appuie sur l'énoncé du titre général : « Sentences de Salomon », ce qui, dit-on, doit s'entendre au moins de ce qui suit immédiatement, aussi bien que de la grande collection de pensées à laquelle ces neuf chapitres servent d'introduction. Mais la conclusion n'est pas rigoureuse ; car ce sont les neuf premiers chapitres tout entiers, avec le prologue, qui annoncent les « sentences de Salomon », ou « les dires des sages », ou l'enseignement de la sagesse. Ces chapitres ont donc été composés ou compilés (?) par celui qui a fait la collection des sentences. Les auteurs qui admettent l'existence d'un grand ouvrage salomonien voient dans cette première partie des Proverbes un choix de discours, comme ils trouvent dans les chapitres suivants, un choix de sentences ; mais l'hypo-

Les proverbes de Salomon

thèse du grand registre de Salomon étant écartée, l'origine salomonienne des discours ne tient pas davantage. Leur rédaction n'est pas plus ancienne que celle des sentences ; or, le recueil de celles-ci, nous venons de le voir, est probablement plus récent que la collection d'Ézéchias. Mais il n'est pas impossible que les morceaux oratoires contenus dans les neuf premiers chapitres aient existé séparément, comme introductions particulières aux recueils de pensées qui ont servi à former la grande collection. Le compilateur les aurait groupés comme il a groupé les sentences et l'on s'expliquerait ainsi plus facilement les répétitions qu'ils contiennent et le peu d'enchaînement qu'ils présentent. Rien ne s'oppose à ce que Salomon lui-même en ait fourni le type traditionnel. Mais on conçoit que des exhortations de ce genre étaient encore plus sujettes que les sentences à se transformer en passant de bouche en bouche, et l'éloge de la sagesse est un thème qui prêtait naturellement aux développements et à l'amplification. Il est bon d'observer aussi qu'il y a là une sorte de procédé pédagogique, mieux en rapport avec les habitudes littéraires des âges plus récents qu'avec la condition du plus sage des rois : on se figure très bien de tels discours sur les lèvres des docteurs, pour entrer en matière et annoncer l'enseignement traditionnel ; mais on les comprendrait moins dans la bouche de Salomon devinant les énigmes de la reine de Saba.

Les objections de l'ancienne école rationaliste

ne méritent pas de nous arrêter longtemps. Eichhorn [4] par exemple, trouve que le nombre des pensées est trop grand pour qu'on les attribue à un seul homme : assurément ce n'est pas le nombre des pensées, mais le caractère des collections qui ne permet pas d'y voir l'œuvre immédiate et inaltérée d'un seul esprit. On allègue [5] avec plus de raison que certaines sentences paraissent être plutôt le produit du bon sens populaire que la réflexion d'un particulier. Mais il y en a aussi beaucoup qui portent l'empreinte du génie individuel. Le rythme poétique dans lequel toutes nous sont présentées, donne à penser que la forme des dictons populaires a été, dans un très grand nombre de cas, modifiée par le travail personnel. Les détails empruntés à la vie des champs ne prouvent rien non plus contre l'origine salomonienne de telle ou telle pensée, car les rois d'Israël ne restaient pas toujours enfermés dans leur palais, sans communiquer directement avec leur peuple. Il ne répugne même pas en soi que Salomon ait donné de bons conseils touchant la pureté des mœurs, sauf à ne pas s'y conformer tout à fait pour son propre compte : encore faut-il observer que ces avis sont dirigés surtout contre l'adultère et la fréquentation des courtisanes, écarts que l'histoire ne reproche pas au fils de David. D'ailleurs, nous savons que les neuf premiers chapitres, où ce thème est particulièrement développé, ne doivent pas, pour d'autres motifs, lui être attribués sans réserve.

Les proverbes de Salomon

Eichhorn, de Wette, Bertheau, Ewald, considèrent la première collection de sentences comme l'œuvre authentique de Salomon. D'après Ewald, le livre des Proverbes représenterait dans son contenu les principales phases qu'a traversées le développement de la poésie gnomique : la première collection de sentences, qui serait aussi la plus ancienne partie du livre, nous offrirait la forme primitive de cette poésie, le distique antithétique ; plus tard, on développe la pensée, on l'orne par des comparaisons, comme il arrive dans la collection ézéchienne ; enfin, au temps de Josias, la sentence tourne en prédication, dernier terme de la décadence attestée par les neuf premiers chapitres, les deux derniers et les pensées « des sages. » Tout cela est aussi arbitraire que précis. M. F. Delitzsch remarque à bon droit que, si l'on appliquait le criterium d'Ewald à l'Eccclésiastique, on devrait admettre qu'une bonne partie de ce livre vient de Salomon, car il contient nombre de distiques à antithèse. On a certaines raisons de croire que le distique est, en effet, la forme primitive de la sentence : c'est la plus simple, la plus énergique, la plus fréquente, celle qui se trouve à la base des autres formes plus développées ; mais rien ne prouve que le distique primitif soit le distique à antithèse. Ewald reconnaît lui-même que la sentence parabolique se rapproche davantage du proverbe populaire : ce serait une raison pour la croire antérieure à l'autre. La forme antithétique est fatigante par sa monotonie, moins vivante et plus étudiée que la forme parabolique : la préférence pour l'une ou l'autre dépend du génie de chaque auteur ; mais à prendre les choses d'une manière générale, la plus populaire et la plus poétique doit être jugée la plus ancienne. Ce que dit Ewald au sujet des exhortations morales et des sentences développées, est vrai en principe ; mais là encore on ne peut pas établir de règle absolue. Le problème de l'origine des Proverbes est plus complexe que le critique allemand ne paraît l'avoir supposé ; la précision et la régularité de son système font voir qu'il aimait les conclusions nettes ; mais les rationalistes contemporains sont les premiers à traiter légèrement ses prétendues intuitions et sa fantaisie d'assigner aux plus modestes fragments une date très déterminée, en rapport avec ses vues systématiques.

La nouvelle école rationaliste est allée beaucoup plus loin que l'ancienne dans la voie des négations et du doute. M. Reuss [6] par exemple, dit qu'on ne peut pas savoir ce qu'il y a de Salomon, ni même s'il y a quelque chose de Salomon dans le livre des Proverbes. La partie la plus ancienne serait la collection d'Ézéchias, et le livre entier aurait été compilé après l'exil. Pour appuyer ces assertions, M. Reuss insiste sur ce que l'on ne trouve pas dans les Proverbes trace de polygamie ni de polythéisme. La description de la sagesse au huitième chapitre lui semble être aussi un produit récent de la pensée

Les proverbes de Salomon

philosophique chez les Hébreux. Ces arguments sont loin d'être décisifs.

En ce qui regarde la polygamie, il est bon d'observer que les anciens prophètes n'en parlent guère plus que le livre des Proverbes. La polygamie n'a jamais été commune chez les Israélites. Les rois seuls et les grands paraissent en avoir usé, mais la masse de la nation pratiquait la monogamie. Or, les conseils du sage s'adressent généralement à la masse. Parmi ceux qui s'adressent au roi, on en trouve un, dans « les paroles de Lemuel », sur la fréquentation des femmes ; ce passage suppose plutôt la polygamie en vigueur.

Si l'on veut s'étonner de ne point rencontrer dans les Proverbes la condamnation du polythéisme, le fait n'est pas moins surprenant après l'exil que dans les temps antérieurs. Le livre de la Sagesse [7] parle de l'idolâtrie : faudra-t-il le renvoyer avant la captivité ?

Les anciens écrits des sages ne disent rien du polythéisme : Job n'a que des allusions à certaines pratiques superstitieuses, il ne s'occupe jamais des faux dieux ; la collection d'Ézéchias n'est pas plus explicite à cet égard que le reste des Proverbes. On pourrait tout aussi bien arguer de ce que les sages ne recommandent pas l'observation de la loi mosaïque, pour soutenir que le livre entier a été composé avant l'époque de Josias. Ce serait à meilleur droit peut-être, car nous voyons plus tard le fils de Sirach exalter la loi de Moïse et la présenter

37

comme le code véritable de la sagesse. Mais il est plus juste de dire que si les anciens sages se taisent sur l'idolâtrie et sur la Loi, il y a là pour eux une question de méthode et de procédé traditionnel. Ils sont loin d'approuver le polythéisme, puisque pour eux la crainte de Iahvé est le commencement de la sagesse ; mais ils font abstraction du côté historique et légal de la religion israélite et ils se contentent de mettre en lumière les principes de vérité universelle qui y sont contenus [8]. Leurs tendances sont universalistes comme celles des prophètes, et c'est pourquoi, chez les uns comme chez les autres, l'élément rituel est relégué à l'arrière-plan ou complètement effacé. Mais tandis que le prophète est sur la brèche et combat pour la défense des principes monothéistes, le sage se borne à les contempler en eux-mêmes et à tracer les règles de vie qui en découlent. Il est possible que le même personnage se soit exercé alternativement dans les deux genres : certains passages d'Isaïe et de Jérémie sont apparentés étroitement avec les livres sapientiaux ; mais il semble que ce ne furent pas généralement les mêmes hommes qui s'appliquèrent à l'enseignement prophétique et à celui de la sagesse. En tant que branche d'activité intellectuelle et littéraire, la sagesse est un exercice de croyants sincères, mais calmes, de laïques honnêtes et sensés, non de prédicateurs ardents, ou de ministres du culte, tout pénétrés de l'importance des rites et des pratiques de la religion. Peut-être aussi doit-elle à

Les proverbes de Salomon

ses origines quelque peu profanes cette manière large de traiter les questions théologiques et morales. Quoi qu'il en soit, on ne peut voir là un indice de composition récente.

De même, il n'y a rien à conclure des développements qui sont donnés dans les premiers chapitres à la notion de la sagesse. Le livre de Job en contient de semblables [9] et M. Reuss [10] lui-même admet que le livre de Job a été composé avant la captivité. Dans les Proverbes, la sagesse conserve son caractère universel et ne s'identifie point encore avec l'enseignement et la pratique de la Loi.

M. Reuss incline à penser que le dernier compilateur des Proverbes est aussi l'auteur des neuf premiers chapitres. Mais rien n'est moins prouvé. Ces chapitres servent d'introduction à la collection de sentences qui vient ensuite, et un assez grand nombre d'expressions caractéristiques, employées dans les vingt-deux premiers chapitres, ne se retrouvent pas dans le reste du livre. Si les discours de l'introduction sont, quant à l'origine, en rapport avec la grande collection de pensées, ils ne peuvent être dans le même rapport avec les autres morceaux et surtout avec la collection d'Ézéchias, qui, en toute hypothèse, ont existé d'abord indépendamment du premier recueil de proverbes. Il est vrai que le prologue annonce « les dires des sages » et que la grande collection est attribuée à Salomon : l'auteur de ce prologue, qui, vu la ressemblance du style doit être aussi l'auteur ou le compilateur des discours, avait donc en vue les petits recueils « des sages. qui précèdent la collection d'Ézéchias. Mais il est bien douteux que les mots en question visent un objet aussi déterminé. Ce sont les sages qui ont conservé les sentences de Salomon, soit par la tradition orale, soit par écrit, et de l'une ou de l'autre manière, en y ajoutant du leur ; de sorte que ce qui est appelé « pensées de Salomon » peut être dit « paroles des sages » et réciproquement.

Les vues du professeur de Strasbourg sur l'origine de la collection d'Ézéchias ne sont pas non plus à l'abri delà critique : « Rien, dit-il, ne nous empêche de croire que les savants de la cour d'un roi qui était lui-même poète aient mis quelque soin à recueillir, non certes dans les manuscrits ou dans les bibliothèques, mais dans la bouche du peuple, dans leurs propres souvenirs, dans le fonds que leur avait légué à eux-mêmes l'éducation qu'ils pouvaient avoir reçue, les éléments variés de leur collection [11]. » Nous savons que le titre du recueil favorise plutôt l'idée d'une transcription et que le contenu confirme la donnée du titre. Toutefois, on peut appliquer à la rédaction première des documents copiés par les gens d'Ézéchias, ce qui est dit ici de leur collection. Mais plus on recule la date de cette rédaction, plus il y a de chances qu'elle contienne, en plus grand nombre et dans leur forme authentique, des pensées de Salomon.

Après cela, nous devons reconnaître que le même auteur ajoute avec raison : « Une première collection ainsi composée et publiée, d'autres pouvaient la suivre. L'exemple, le nom, le cadre étaient donnés. La nature de ces collections facilitait à ceux qui en possédaient des exemplaires les moyens de les enrichir par des additions. D'abord, c'était évidemment la propriété littéraire, non d'un auteur particulier, mais de tout le monde. Le véritable auteur, avait donné l'idée, la tendance, l'esprit du contenu, considéré soit dans son ensemble, soit dans ses détails ; il n'avait pas de droits à faire valoir sur la forme et l'étendue du recueil, lequel ne pouvait que gagner en grandissant. Outre les additions, de pareils recueils étaient exposés à des remaniements et à des retranchements qui variaient la forme sans changer le fond et sans dénaturer un ouvrage qui n'était pas le produit ou l'expression d'un raisonnement suivi, mais la simple juxtaposition plus ou moins fortuite de pensées éparses. »

Pour se convaincre des modifications que de pareils textes pouvaient subir dans les temps anciens, il suffit de remarquer celles que nous constatons à une époque plus rapprochée de nous : que l'on compare l'original hébreu des Proverbes avec le grec des Septante et l'on verra que ce dernier représente comme une autre édition du même livre, avec quelques omissions, mais avec un nombre beaucoup plus considérable d'additions [12] qui subsistent pour la plupart dans notre Vulgate, et dont plusieurs semblent venir d'un texte hébreu, bien que d'autres n'aient jamais existé qu'en grec. Les diverses traductions de l'Ecclésiastique offrent des différences du même genre, bien que le livre soit relativement récent, qu'il ait assez d'unité dans l'ensemble et d'harmonie dans les détails, et que l'auteur lui-même se soit fait connaître dans le corps de son ouvrage. Les anciens, en Orient surtout, n'avaient pas les mêmes idées que nous sur la propriété littéraire et les soins à prendre pour conserver sans altération les textes anciens. C'est là un point qu'il ne faut pas oublier, surtout quand il s'agit d'une œuvre aussi impersonnelle que l'est notre livre des Proverbes.

Maintenant, il nous est facile de formuler nos conclusions définitives sur l'origine et l'âge de la compilation générale et de toutes ses parties.

Nous croyons avoir constaté que, si Salomon a été pour les Hébreux le principal initiateur au genre de spéculation et de poésie connu sous le nom de *chokmah* [13] ou « sagesse », le livre des Proverbes n'est pas à considérer pourtant comme son œuvre personnelle, mais plutôt comme un résumé de l'enseignement traditionnel des sages, depuis le temps de Salomon jusque vers l'époque de la captivité.

Il n'est pas sûr que Salomon ait écrit ou fait écrire des sentences, bien qu'il en ait sans doute composé et prononcé un très grand nombre. En tout cas, l'hypothèse d'un grand recueil salomonien d'où notre livre des Proverbes serait sorti par voie d'extraits successifs est tout à fait invraisemblable.

Les proverbes de Salomon

Les sentences de Salomon ont pu être conservées, du moins en partie, par la tradition orale, chez les sages qui s'appliquaient aux mêmes exercices de pensée. Quand on les mit par écrit, ce ne fut que par collections partielles et non d'une manière suivie et méthodique. Écrites ou non écrites, elles ont dû subir avec le temps certaines modifications de forme et de nombreuses additions, avant d'être réunies dans le recueil général qui nous est parvenu.

La partie de ce recueil qui paraît la plus ancienne et qui reproduit sans doute le plus exactement le fond et la forme des pensées authentiques de Salomon, est la collection de sentences qui fut faite au temps du roi Ézéchias.

Les paroles d'Agur et celles de Lemuel ont dû être connues vers le même temps par les Israélites : pour que ces documents d'origine étrangère se soient fait une place dans la littérature religieuse des Hébreux, il faut qu'ils y aient été introduits d'assez bonne heure.

À partir de cette époque se formèrent d'autres recueils semblables, soit anonymes ou sous le nom des sages en général, soit sous celui de Salomon. Ces petits livrets, avec des différences plus ou moins considérables, reproduisaient le même fonds traditionnel, et plusieurs avaient sans doute la même disposition, c'est-à-dire que les sentences étaient précédées d'une introduction oratoire, destinée à faire valoir et à glorifier la sagesse. Les «

fragments des sages » nous offrent le type de ces collections partielles. Plusieurs de ces recueils, fondus ensemble, ont formé la grande collection des vingt-deux premiers chapitres.

Rien ne prouve que cette collection ait été faite seulement après la captivité : elle peut très bien avoir été compilée pendant l'exil et remonter même à une époque antérieure, par exemple, à la dernière moitié du VIIe siècle avant notre ère, et au règne de Josias.

L'éloge de « la femme forte » est difficile à dater. L'emploi de la forme alphabétique n'est pas l'indice certain d'une composition récente ; toutefois ce genre d'exercice littéraire convient mieux à une époque moins ancienne, comme serait celle qui vient d'être assignée au morceau précédent.

La date de la compilation générale est pareillement incertaine. Cependant, moins on la retardera, et plus facilement on expliquera la conservation des petites pièces : on peut donc désigner, avec certaines probabilités, soit le temps de l'exil, soit les années qui ont suivi le retour de la captivité. Il n'est guère possible en tout cas de dépasser notablement le temps d'Esdras. Peut-être deux groupes se sont-ils formés d'abord : d'un côté les vingt-deux premiers chapitres avec les sentences « des sages » ; de l'autre la collection d'Ézéchias avec les paroles d'Agur, celles de Lemuel et le poème de « la femme forte ». Le livre aurait été constitué plus tard par la réunion de ces deux parties.

Les proverbes de Salomon

Telle est, dans la mesure où on peut la connaître, l'origine de l'ouvrage intitulé « Proverbes de Salomon ».

Ce n'est pas à tort que le nom de ce roi figure en tête du livre et de ses parties principales. Le mouvement intellectuel qui se résume dans les Proverbes est parti de lui. Salomon a fourni aux sages des temps postérieurs les éléments et le type de leur enseignement. Plusieurs de ses pensées nous sont probablement conservées dans leur forme originale. D'autres, il est vrai, ont été modifiées quant à la forme, ou complétées ; elles ont provoqué des réflexions analogues qui sont venues prendre place à côté des sentences authentiques. Mais nul autre sage d'Israël ne peut revendiquer sur le livre des Proverbes les mêmes droits que Salomon. On peut admettre, ce me semble, en s'appuyant sur le livre des Rois [14] et les plus anciens recueils de sentences, que le sentiment religieux et moral, sans être absent des proverbes salomoniens, y dominait moins exclusivement que dans les vingt-quatre premiers chapitres du livre actuel ; que les observations purement psychologiques, les remarques piquantes sur la vie sociale et les mœurs du temps y avaient la plus grande place. À mesure que l'esprit religieux s'est développé, que le sens moral s'est affiné, les héritiers de la tradition salomonienne se sont appliqués davantage à faire de leur enseignement un moyen d'éducation universelle, ils ont insisté sur les conseils de la sagesse divine qui doivent régler la conduite, et ils ont négligé, ce qui était de la sagesse humaine, les jeux d'esprit qui ne servent à rien pour la direction de la vie. Il faut reconnaître néanmoins que, même en ce qui regarde l'exposé des vérités morales, ils ont eu pour précurseur et pour maître Salomon, le Sage par excellence, dont on sait la fidélité au culte de Iahvé pendant les meilleures années de son règne, qui furent sans doute aussi l'époque de son activité intellectuelle.

Après lui, les spéculations de la sagesse paraissent avoir suivi un développement parallèle à celui de la religion monothéiste. Le règne d'Ézéchias, et sans doute aussi celui de Josias, marquent les phases de leur progrès, comme ils indiquent les étapes de la nation israélite vers l'accomplissement de l'idéal religieux consigné dans les écrits mosaïques et prêché par les prophètes ; et comme au temps d'Ézéchias, brillante époque littéraire où la prophétie est à la fois une œuvre de grand art et une prédication, la sagesse donne à ses préceptes tout l'éclat de la poésie, de même, sous Josias, lorsque la prophétie devient plus populaire dans la forme et prend un langage moins orné, quoique non moins persuasif, la sagesse aussi, bien qu'elle n'abandonne point le rythme où elle a d'abord moulé ses leçons, perd les riches couleurs de ses métaphores, pour annoncer, dans un style simple, clair et persuasif, les principes de la morale et les règles du devoir. Plus tard, des Proverbes à l'Ecclésiastique, de l'Ecclésiastique à la

Les proverbes de Salomon

Sagesse, de la Sagesse à l'Evangile de saint Jean, ces progrès de la *chokmah* peuvent être suivis, non seulement d'une manière générale et en quelque sorte par le dehors, mais dans le développement intime et dans les détails de la doctrine. Le livre des Proverbes nous montre comme sur un plan unique et dans la même perspective la pensée de plusieurs siècles. Les traits généraux et en partie hypothétiques que nous venons d'esquisser représentent ce que nous savons du développement historique de la sagesse. C'est pourquoi dans l'examen que nous allons faire de la doctrine renfermée dans les Proverbes, nous donnerons plutôt un exposé qu'une histoire de l'enseignement des sages.

---

1. Cependant Delitzsch (*op. cit.*, 25) pense que les neuf premiers chapitres ne sont pas de Salomon, mais de celui qui a fait la première collection de sentences, au temps de Josaphat (?).
2. I *Rois*, V, 9-14 (Vulg. III *Rois*, IV, 29-34).
3. Cf. Vigouroux, *Manuel biblique*, A. T. II, 372.
4. *Einleitung*, V, 99.
5. De Wette-Schrader, *Einleitung*, 536.
6. Bible, *Anc. Test., Philosophie relig. et mor. des Hébreux*, p. 151 et suiv.
7. *Sap.* XIII.
8. V. Delilzsch, *op, cit.* 34-35.
9. *Job*, XXVIII.
10. *Op. cit.*, 19. 20.
11. Reuss, *op. cit.* 152.
12. La disposition des parties n'est pas non plus la même. Après le premier recueil « des sages » (XXIV, 22), le grec introduit le commencement des paroles d'Agur, XXX, 1-14 ; puis viennent le second recueil « des sages », XXIV, 23-34, la fin

des paroles d'Agur, XXX, 15 et suiv. », les paroles de Lemuel, XXXI, 1-9, la collection d'Ézéchias, XXV-XXIX, et l'éloge de « la femme forte, » XXX, 10-31. Cette différence vient, soit de l'arbitraire du traducteur, soit d'une erreur involontaire occasionnée par un arrangement particulier des textes dans un manuscrit. V. Delitzsch, *op.cit.* 38-39.
13. translitération de חכמה, la sagesse.
14. *Loc. sup. cit.*

III

Le livre des Proverbes est avant tout le livre de la Sagesse. Certains Pères [1] lui ont donné ce titre, et, à tenir compte seulement du contenu, aucune désignation ne lui convient mieux. C'est la Sagesse qu'on y entend : elle y parle continuellement, soit par elle-même, soit par les sages, ses organes. Tous les proverbes sont des préceptes ou des leçons de la Sagesse.

Qu'est-ce donc que la sagesse et qu'apprend-elle aux hommes ?

La notion de la Sagesse est très complexe. Il suffit de voir le grand nombre de mots qui sont employés comme synonymes de *chokmah* [2], pour se convaincre qu'elle comprend la science des choses divines et humaines, des vérités spéculatives et de la morale, la connaissance de la nature et même ce que nous appelons le savoir-vivre et le savoir-faire.

Alfred Loisy

La Sagesse est dans l'homme ; mais elle n'est pas de l'homme ; elle est donnée par Dieu de qui elle tire son origine et près de qui elle réside comme en son lieu propre. La Sagesse est la perfection de la science et elle procure la perfection de la vie. Mais cette sagesse que l'homme reçoit comme un don divin, Dieu la possède nécessairement. Et comment ne la posséderait-il pas, Lui, l'ouvrier suprême, l'artiste incomparable des mains duquel un monde si beau est sorti, le maître souverain qui gouverne ce vaste univers, le grand justicier qui sonde les cœurs, récompense les justes et punit les méchants ?

> « Iahvé, dit-elle, m'a produite, comme les prémices de son ouvrage,
> Et la première de ses œuvres, dès le commencement,
> Dès l'éternité, j'ai été formée,
> Dès l'origine, aux premiers jours du monde.
> Quand l'océan n'existait pas encore, je fus enfantée ;
> Quand il n'y avait pas de sources remplies d'eau.
> Avant que les montagnes fussent établies,
> Avant les collines, je fus enfantée ;
> Avant qu'il eût fait la terre et les champs,

Et la masse de la poussière du
     monde. » [3]

La Sagesse n'est donc pas à confondre, ni quant à sa nature, ni quant au mode de son origine, avec les créatures qui composent l'univers ; elle est un produit unique de l'activité divine. Son existence n'a pas commencé avec le temps, elle remonte à l'éternité.

Elle est née de Dieu même [4], et c'est par elle que Dieu a fait le monde ; elle lui a servi d'auxiliaire, d'architecte, d'ouvrier.

« Lorsqu'il élevait les cieux, conti-
     nue-t-elle, j'étais là,
Lorsqu'il traçait un cercle sur
     l'abîme ;
Lorsqu'il consolidait les hauteurs du
     firmament
Et qu'il faisait jaillir les sources de
     l'océan ;
Lorsqu'il donnait des lois à la mer,
Pour que les flots obéissent à sa
     volonté,
J'étais près de lui comme un ar-
     chitecte,
M'égayant en sa présence tous les
     jours ;
M'égayant sur la face de la terre

Alfred Loisy

> Et trouvant mes délices parmi les fils
> de l'homme [5]. »

Ainsi, l'on peut dire avec vérité que tout a été fait par elle et que rien n'a été fait sans elle [6].

Dès le commencement, nous venons de le voir, elle a pris plaisir à se communiquer aux hommes, et elle ne cesse pas de s'offrir à eux pour les éclairer, les instruire et les guider [7]. Elle entre en rapport avec eux par la voie de l'enseignement, c'est-à-dire au fond par la doctrine des sages. Mais c'est Dieu qui donne l'intelligence de cet enseignement [8], en sorte que l'illumination intérieure et la parole extérieure concourent à introduire la sagesse dans l'homme.

Souvent, elle est représentée comme un docteur et un prédicateur qui appelle ses disciples ; ailleurs comme une maîtresse de maison qui prépare un banquet à ses invités [9]. Elle s'adresse à tout le monde, mais de préférence aux jeunes gens, aux simples et aux ignorants [10]. Elle leur parle comme une mère ; souvent même ses conseils sont mis dans la bouche des parents [11]. Elle n'emploie pas les formes vulgaires du langage humain, mais le rythme de la poésie, la langue des oracles divins. Non seulement ses préceptes, mais les discours qui leur servent de préambule sont écrits en vers faciles et harmonieux. La Sagesse est un maître aussi aimable que dévoué, dont le commerce est plein de charmes et de profit : la connaissance de sa doctrine est la plus belle parure de la jeunesse ; elle amène avec elle tous les biens, vertu, santé, bonheur et longues années [12].

Telle est la Sagesse : quelque chose de divin, d'éternel, de lumineux, de puissant, de bienfaisant. J'ai dit quelque chose : n'est-ce pas quelqu'un ? La Sagesse est personnifiée : n'est-ce pas une personne ? Il est certain que les descriptions qui en sont faites s'accordent très bien avec l'idée d'un être personnel, vivant et agissant, et qu'elles ne conviennent guère à une pure abstraction. Mais il est vrai aussi que la théologie des sages ne vise point à la précision dans les termes ni même dans la pensée, que c'est une théologie poétique ou, si l'on veut, de la poésie théologique. Beaucoup de détails ne sont pas à prendre à la rigueur. L'imagination orientale s'est donnée carrière, par exemple, dans le tableau de la Sagesse prédicateur de vérité ; de même, le banquet de la Sagesse est une allégorie. La folie est personnifiée dans une description qui répond trait pour trait à celle de ce festin. Personne assurément n'a voulu et ne voudra voir dans la folie une hypostase. Toutefois, le rôle personnel de la Sagesse est si bien suivi et accentué qu'il est difficile de ne pas voir là autre chose qu'une figure de rhétorique. Cette doctrine, au point où nous la saisissons, a déjà une certaine consistance : elle contient en germe toute la théologie du Verbe divin. Peut-être la Sagesse conçue d'abord comme perfection de l'intelligence humaine a-t-elle été attribuée à

Alfred Loisy

Dieu par le procédé logique en vertu duquel nous transportons à un degré éminent dans la divinité tout ce que nous concevons comme positivement bon ; la sagesse humaine n'est plus, après cela, qu'une participation de la sagesse de Dieu ; celle-ci, divine par sa nature, humaine par communication, se trouve être comme médiatrice entre Dieu et l'homme, entre Dieu et le monde ; elle apparaît comme guide et auxiliaire de la puissance créatrice, conseillère de la Providence, et en même temps comme institutrice de l'humanité, prenant corps pour ainsi dire à mesure que son idée devient plus compréhensive, passant de l'abstraction à la réalité, traversant comme telle tous les degrés de l'être jusques à la personnalité, sans que l'on puisse dire le juste moment où la notion abstraite a fait place à la réalité vague et celle-ci à l'être personnel, où la métaphore s'est identifiée avec l'idée pour constituer une sorte d'individualité à part dans l'être divin. Cette marche est indiquée par la nature des choses et nous voyons que la révélation se conforme, en général, dans son développement aux lois de la pensée humaine. Mais les données positives nous font défaut.

Les Proverbes, d'ailleurs, sont loin de présenter un enseignement clair et complet sur toutes les questions qui se rattachent au caractère personnel de la Sagesse. C'est uniquement par voie de déduction, et non par des textes explicites, que l'on peut y découvrir la divinité de la Sagesse en tant que per-

Les proverbes de Salomon

sonne distincte, et sa consubstantialité, je ne dirai pas avec le Père, mais avec l'être divin dont elle procède. Les vieux sages d'Israël nous disent qu'elle est née de Dieu avant toutes choses, mais ils ne vont pas plus loin. La Sagesse est de Dieu ; mais est-elle en Dieu par identité de nature, est-elle Dieu ? Les sages ne le disent pas. Deux points seulement de leur croyance ressortent assez clairement : la personnalité distincte de la Sagesse et sa nature transcendante. De là, on peut déduire la divinité de personne et la consubstantialité de nature, mais ce sera en s'aidant de principes philosophiques sur lesquels la réflexion des sages ne paraît pas s'être arrêtée, et l'on n'est pas autorisé pour autant à considérer ces dogmes comme ayant été l'objet formel de leur pensée et de leur foi. Le développement de la croyance est un fait constaté par l'histoire, en même temps qu'un principe admis par la théologie : nous en trouverons d'autres exemples quand nous passerons de la notion de la Sagesse à ses enseignements. Mais auparavant, pour compléter notre étude sur la Sagesse, nous devons dire un mot de son contraire, la sottise ou la folie, de son disciple, le sage, et de son ennemi, le sot ou l'insensé.

« Dame folie est tapageuse :
C'est la sottise même, elle ne sait rien.
Elle se tient à la porte de sa maison,
Sur un siège, au plus haut de la ville,

Pour appeler ceux qui passent,
Ceux qui suivent leur chemin :
« S'il y a un imbécile, qu'il
　approche ! »
S'il y a un insensé, elle lui dit :
« Les eaux bues à la dérobée sont
　douces ;
Le pain mangé en cachette est
　agréable. »
Et il ne se doute pas que là sont les
　ombres,
Que ses invités vont au fond de
　l'enfer [13]. »

Le banquet de la folie fait pendant à celui de la sagesse [14]. Le caractère et le langage qu'on lui prête sont justement ceux qui sont attribués à la courtisane dans plusieurs descriptions des chapitres précédents. Ces descriptions ne sont pas à prendre pour des allégories ; mais le désordre des mœurs étant le grand écueil de la jeunesse, il se trouve que la plus dangereuse ennemie de la sagesse, celle qui lui prend ses disciples, est la femme impudique, et, par suite, celle-ci est naturellement désignée pour représenter la folie. Comme la sagesse est la perfection de la science et la perfection de la vie, la folie est ignorance et immoralité. Tandis que la sagesse a pour organes le père de famille, la mère, un vieillard prudent, la folie a pour interprètes les voleurs et les meurtriers [15], la femme adultère et la prostituée [16], les sots, les esprits forts et les impies [17]. Au lieu que la sagesse conduit à la fortune, au bonheur, et procure une longue vie, la folie conduit à la misère, au malheur, à la mort [18].

Le sage est présenté d'ordinaire comme un homme d'âge mûr, le plus souvent comme un bon père de famille. Il est savant, il est habile ; il a une longue et solide expérience des choses de ce monde ; il use modérément de la vie, pour mériter d'en jouir plus longtemps. Il n'a pas l'extérieur d'un philosophe austère, et il aime qu'on soit joyeux : c'est un homme bien portant jusque dans la vieillesse, ni riche ni pauvre, mais pourvu de cette médiocrité dorée qui plaît aux sages de tous les temps et de tous les pays. Nous connaîtrons plus loin le détail de ses vertus, en étudiant sa morale. Disons dès maintenant qu'il est très religieux, mais sans minutie à l'égard des pratiques du culte ; il est réservé, patient, modeste et bienfaisant. Il vit un peu à l'écart des rois et des grands : son indépendance personnelle, la sérénité de son âme, le libre exercice de son jugement pourraient être troublés par la fréquentation des puissants. De sa paisible retraite, comme d'un observatoire, il suit le mouvement des affaires humaines sans y être entraîné ; il regarde les jeunes gens qui se perdent dans la débauche, les hommes qui se déchirent mutuellement en paroles et ne cherchent qu'à se nuire l'un à l'autre en vue de leurs intérêts personnels, les courtisans qui s'agitent autour du prince, favoris tour à tour et disgraciés, les rois mêmes qui par leurs vertus ou leurs vices font le bonheur ou la ruine de la société ; et de ce spectacle, il tire des leçons utiles qu'il répète à ses enfants et à ses disciples.

Il serait curieux de savoir si la Sagesse a été un simple exercice de lettrés qui occupaient d'ailleurs une position plus ou moins élevée dans le monde, ou bien s'il y a eu des sages de profession, tenant école pour enseigner aux jeunes gens les principes théoriques et pratiques de la vraie philosophie. Certains passages des prophètes pourraient faire croire que l'on était connu pour sage comme on l'était en qualité de prêtre, de prophète, non pas sans doute que la sagesse fût une profession exclusive comme le sacerdoce, mais parce qu'il y avait des gens notoirement adonnés à la *chokmah* et communiquant leur science à ceux qui voulaient en profiter. Rien ne s'oppose à ce que certains d'entre eux aient tenu école, à la façon des anciens philosophes grecs. À côté de ces sages plus versés dans la connaissance de l'enseignement traditionnel, il y avait sans doute beaucoup d'autres personnes qui recouraient à leurs lumières et subissaient leur influence. On peut croire que si les sages se sont appropriés nombre de ces dictons proverbiaux qui sont comme le patrimoine intellectuel d'un peuple, ils ont rendu à la communauté plus qu'ils n'en avaient reçu, par la diffusion de sentences faciles à retenir et contenant les principes de la religion la plus pure et de la plus saine morale.

Les proverbes de Salomon

Ces principes ne rencontraient pas une adhésion unanime. Le nombre des sots, en comparaison de celui des sages, est infini. Le sot nous est montré souvent comme un jeune étourdi qui se jette à corps perdu dans les plaisirs et la débauche. Les neuf premiers chapitres des Proverbes offrent sur ce sujet des peintures de mœurs extrêmement piquantes [19]. Le sot est parfois désigné sous le nom de « railleur ». Bien qu'il soit ignorant, ou plutôt à cause de cela même, il ressemble beaucoup à ce que nous appelons un esprit fort. Il ne croit guère à l'efficacité de la vertu comme moyen pratique d'arriver au bonheur et il relève méchamment toutes les objections que la marche ordinaire des choses humaines permet de faire sur ce point aux théories du sage. Sans doute, il y avait parmi ces insensés quelques gens d'esprit : ils n'en étaient que plus indociles et plus dangereux. Le sot est bavard, querelleur, orgueilleux, téméraire, insolent et, pour finir, à peu près incorrigible. Aussi est-il détesté du sage qui le menace de tous les malheurs et se promet de rire à son enterrement [20].

Disons maintenant sur quelles bases repose la morale des sages et quelles en sont les règles. Pour cela, nous devons signaler leurs doctrines sur Dieu et sa providence, sur l'homme et sa destinée, sur les devoirs de l'individu, sur la famille et sur la société.

Les sages sont absolument monothéistes. Ils ne le sont pas moins dans les parties les plus anciennes des Proverbes que dans les plus récentes. Toute autre conception de la Divinité demeure pour eux comme non avenue. Du reste, ils n'insistent guère sur les questions spéculatives de la théodicée et ils s'appliquent surtout à faire valoir les attributs de Dieu qui nous le montrent dans ses rapports avec ses créatures, spécialement avec l'homme, et qui sont l'omniscience, la toute-puissance, l'absolue justice.

Ce qui frappe surtout nos auteurs de sentences, c'est moins l'immensité de la science divine que la situation qu'elle crée à l'homme : la pensée de ce regard continuellement fixé sur eux les remplit d'une religieuse terreur [21]. Il est impossible que la moindre faute échappe à cet œil qui sonde les cœurs et qui est, partout et toujours, invisible et présent : quel espoir reste-t-il au pécheur ? Mais aussi quelle garantie pour le juste !

Une puissance infinie est au service de cette science pour assurer l'exécution de ses desseins vengeurs ou miséricordieux. Le moyen de concilier la prescience infaillible et souveraine avec la liberté de l'homme n'a pas préoccupé les sages. Ils affirment la prédestination absolue et l'irrésistible influence de Dieu sur les actes humains en termes que la théologie moderne est obligée d'atténuer par des explications et des distinctions. Quelques-unes de ces pensées [22] reviennent à celles qui sont devenues proverbiales chez nous, telles que : « L'homme propose et Dieu dispose », ou bien : « L'homme s'agite et Dieu le mène ». Mais d'autres

Les proverbes de Salomon

décrivent la prédestination et la prémotion divine d'une façon plus rigoureuse, j'allais dire plus mécanique, par exemple :

« À l'homme appartiennent les pensées du cœur,
À Iahvé la réponse de la langue » [23].

« Iahvé a fait chaque chose pour une fin,
Et l'impie aussi, pour le jour du malheur » [24].

Il faut observer d'abord que nos auteurs ne visent pas à la précision du langage théologique. Lorsqu'ils semblent abandonner à l'homme ce qui est intérieur, pensée, sentiment, vouloir, comme si cela n'était rien, et soumettre entièrement à Dieu l'œuvre extérieure, parole ou action, on voit bien qu'ils prennent la chose en gros, par le dehors, au point de vue des résultats, et qu'ils veulent insister au fond sur l'insuffisance de nos prévisions et l'inefficacité de nos désirs. Dans ces conditions, l'homme ne paraît plus être qu'un instrument aux mains de la divinité. Les Sémites en général sont dominés par l'idée de la prédestination : elle se rencontre à chaque instant dans les textes cunéiformes de Ninive et de Babylone, et l'on sait ce qu'elle est devenue chez les Arabes. Elle a exercé sur l'esprit de ces peuples une impression si profonde que le sentiment de la liberté humaine en a été presque oblitéré. Le problème si délicat de la concorde entre la prescience et la prémotion divine d'un côté, la liberté humaine de l'autre, n'existe pas pour eux, parce que l'un des termes est à peu près oublié. Il n'est pas douteux que cette disposition d'esprit ne puisse conduire au fatalisme. Mais on aurait grand tort de penser que les sages d'Israël en soient arrivés là et d'interpréter comme jugements doctrinaux des sentences qui ont avant tout une portée pratique. Nos vénérables moralistes n'ont pas explicitement tranché dans un sens ou dans l'autre le problème dont nous parlons, parce qu'il ne s'est point posé devant leur esprit. Cependant, s'ils n'ont jamais formulé à cet égard de conclusion théorique, on doit reconnaître qu'ils ont sauvegardé en fait la liberté humaine.

L'idée qu'ils ont de la justice divine écarte en effet l'interprétation exagérée qu'on pourrait être tenté de donner à certaines de leurs sentences. Le fatalisme aboutit nécessairement à l'inertie morale ou au désespoir. Mais ici l'on croit fermement que Dieu attribue au juste un destin favorable, tandis qu'il réserve au méchant d'irrémédiables châtiments : la vertu devient ainsi la condition du salut, et bien que l'on fasse dépendre aussi cette condition du secours divin, on suppose néanmoins toujours qu'il est au pouvoir de l'homme de la remplir, que le juste et le méchant sont responsables de leurs actions et que Dieu en récompensant l'un, en punissant l'autre, ne fait que les traiter suivant leurs mérites. Ainsi le libre arbitre est sollicité à l'action par l'espoir certain d'une juste récompense, et on lui reconnaît en réalité la légitime part d'action qui lui semblait refusée tout à l'heure en théorie.

Il faut donc admettre que Dieu est l'auteur de tout, des mérites du juste et du châtiment du pécheur, et que pourtant l'homme est libre. Nos sages ne s'inquiètent pas de la manière dont ces choses-là se concilient. Pour nous en occuper davantage, en savons-nous beaucoup plus ? Lorsqu'ils affirment que Dieu a créé l'homme de bien pour le bonheur et l'impie pour le châtiment, ils ne songent pas à se demander si Dieu en créant celui-ci pour le faire souffrir n'a pas été cruel ; car ils savent très bien que le pécheur est tel par sa volonté, et qu'il est lui-même cause de sa perte.

Mais, les droits de la créature étant comme éclipsés par l'autorité suprême du créateur, ils ne voient que les termes extrêmes de l'existence coupable : son origine qui la fait dépendante de Dieu et sa destinée finale qu'une juste sentence du même Dieu a rendue malheureuse ; et ils rapprochent ces deux termes sans tenir compte de la part chétive d'activité créée qui les rattache l'un à l'autre. Cette espèce d'effacement de la personnalité humaine devant la Divinité se reconnaît encore dans les opinions des sages touchant la nature et la fin de l'homme.

Les éléments que nous trouvons dans les Proverbes seraient insuffisants pour constituer un système de psychologie biblique. La théorie du composé humain n'y est guère plus développée que dans le second chapitre de la Genèse [25]. En dehors de la distinction fondamentale de l'esprit et du corps, les idées sont assez vagues et la terminologie peu précise. L'esprit est le principe de la vie physique et morale ; il est intelligence et volonté, il souffre des infirmités du corps, et réciproquement, s'il est affligé, le corps en est abattu [26]. Le cœur est supposé le siège de l'intelligence et de la conscience, soit psychologique, soit morale [27]. À l'âme sont attribués spécialement les désirs, les aspirations, les impressions agréables ou fâcheuses [28]. On ne voit pas pourtant qu'il y ait une distinction réelle entre l'âme et l'esprit. Quelle est au juste la nature de l'esprit ? On sait que les anciens auteurs bibliques, rattachant toute vie à Dieu comme à sa source n'insistent pas sur la différence qui existe entre l'esprit créateur et l'esprit créé. La vie est le souffle de Dieu communiqué aux créatures : quand ce souffle est repris par celui qui l'a donné, c'est la mort.

La pensée des écrivains sacrés reste ainsi dans un certain vague que l'on aurait tort d'interpréter dans le sens panthéiste de l'émanation, car les sages d'Israël n'auraient jamais voulu admettre l'identité essentielle de l'être divin et de l'âme humaine. Ce qui est vrai, c'est que la vie de l'individu est estimée fort peu de chose devant Dieu et que l'on songe

Les proverbes de Salomon

moins à disserter sur sa nature qu'à lui donner quelque valeur par la pratique du bien.

La même indifférence existe à l'endroit de la vie future. Il faut avouer que le livre des Proverbes en parle très peu. Tous les morts descendent au *sheol* : on ne nous apprend pas ce qu'ils y font, et on n'a pas l'air de s'en inquiéter. Nous savons par ailleurs que le séjour du *sheol* n'équivaut pas à un complet anéantissement, mais plutôt à une espèce de léthargie, où la vie, sans être tout à fait supprimée, est comme suspendue. Le grand avantage que les justes ont sur les pécheurs, c'est qu'ils descendent aux enfers le plus tard possible, quand ils sont rassasiés de biens et de jours, tandis que les méchants y tombent à la fleur de l'âge, prématurément frappés par la justice divine. Une affliction transitoire peut atteindre les justes, soit comme punition de certaines fautes, soit comme épreuve de leur vertu, mais ils finissent toujours par en sortir. Les bénédictions du Seigneur les suivent jusqu'à leur dernier jour et s'étendent même après eux sur leur postérité. L'impie, châtié sans rémission, attire sur lui une fin prompte et la malédiction sur ses descendants [29].

Pas n'est besoin de dire que cette théorie des fins dernières prête flanc à beaucoup d'objections. C'est pourquoi nous voyons non seulement les mécréants se moquer des menaces des sages, mais les sages eux-mêmes s'inquiéter et se demander si, dans ces conditions, Dieu est juste. La question est discutée dans le livre de Job. Elle ne pouvait être traitée de la même façon dans les Proverbes à cause de leur caractère pédagogique. Là, on procède par voie d'affirmation ; mais le système n'en est pas moins incomplet. On peut dire que les sages tiennent fermement au principe de la justice divine, mais qu'ils n'en discernent pas encore l'application nette en ce qui regarde la fin de l'homme. L'indécision de leurs doctrines touchant la nature de l'âme se retrouve à l'égard de sa destinée. Les sages ne nient pas la vie future : ils paraissent plutôt n'y pas songer. L'idée de l'immortalité et celle d'une rémunération d'outre-tombe se feront jour quand la croyance à la résurrection, que les sages n'ont sans doute pas ignorée, aura pris plus de consistance, et quand la notion de l'âme aura été aussi mieux déterminée, comme c'est le cas, par exemple, dans le livre de la Sagesse. En attendant, la conception de la vie future demeure à l'état de nébuleuse, et les sages, tournant leurs regards vers la pratique, constituent leur morale avec les éléments qui sont à leur disposition.

Pour nous, la morale est fondée essentiellement sur l'idée du devoir, et le principe de l'obligation sur le rapport de dépendance absolue où l'homme créature se trouve à l'égard de Dieu créateur ; l'objet de l'obligation est au fond la volonté de Dieu, diversement manifestée, et sa sanction est la destinée heureuse ou malheureuse qui est assignée à l'homme après cette vie, selon ses mérites. Nous

Les proverbes de Salomon

venons de voir en quoi la morale des sages laisse à désirer au point de vue de la sanction. Elle est très complète en ce qui regarde l'objet du devoir ; mais elle est un peu moins explicite en ce qui concerne le principe de l'obligation :

> « *Mon fils, dit le sage, crains Iahvé et
> le roi,
> Et ne te révolte pas contre eux ;
> Car ils envoient tout à couple châtiment,
> Et nul ne prévoit les supplices dont ils
> disposent* » [30].

C'est ainsi que, dans tout le livre, les hommes sont excités à la pratique du bien par la perspective des avantages qui en résultent et des inconvénients qui suivent le péché. Il est même des cas où la raison d'intérêt personnel est développée avec tant de complaisance, qu'elle paraît exclure tout autre motif [31].

La vertu serait donc moins un devoir que le plus sûr moyen de vivre en paix. Dans certains endroits, le sage est présenté comme sachant prendre la juste mesure des jouissances que l'on peut se permettre et que l'on ne saurait dépasser sans s'exposer à tout perdre [32]. Enfin, il est tel ou tel conseil qui vient plutôt d'un homme habile que d'un homme vertueux [33]. Mais on doit tenir compte du temps et du milieu où de telles maximes ont été prononcées. Si quelques-unes portent le cachet de la sagesse profane, elles n'ont rien d'immoral en elles-mêmes. Il faut observer surtout que si le principe moral de l'obligation n'est pas expressément formulé, il se trouve néanmoins au fond d'un grand nombre de pensées.

S'il n'est pas mis en avant, si les considérations d'intérêt sont celles qu'on développe avec le plus de complaisance, c'est que ces considérations agissent plus facilement sur le commun des hommes et servent à faire accepter le motif plus sévère du devoir. Les moralistes et les prédicateurs n'ont jamais négligé de mettre en lumière les avantages temporels de la vertu.

Rien n'est plus conforme à la saine raison, pourvu que le motif d'intérêt soit subordonné à celui de l'obligation morale. Or, on ne peut douter que les sages, en dépit des apparences, n'aient mis le devoir au premier rang. Ils ne cessent de proclamer la nécessité de la justice intérieure et non seulement de la régularité extérieure ; ils déclarent que les richesses et le bonheur de ce monde ne sont rien sans la vertu [34] : le prix de celle-ci ne vient donc pas des avantages temporels qu'elle procure, mais de ce qu'elle est le bien en soi, l'ordre voulu par Dieu. Un sentiment profond de la dépendance de l'homme vis-à-vis de son créateur est visiblement répandu partout. Enfin, on ne doit pas oublier que les sages ne font pas la théorie de la morale, mais qu'ils en enseignent la pratique.

Le premier devoir du sage est la piété, car « la

Les proverbes de Salomon

crainte de Iahvé est le commencement de la science » [35]. Cette piété consiste essentiellement dans les sentiments du cœur et l'innocence de la vie. Les observances extérieures n'ont de valeur que si la justice intérieure les accompagne [36]. Le sage aime mieux ne pas faire de vœux que de s'exposer à les violer [37]. Il a, du reste, une conscience délicate et qui ne présume pas trop facilement de l'indulgence divine [38].

Sa piété n'enlève rien à son activité. Il est laborieux ; il déteste la paresse et il a en horreur le paresseux. On connaît la fameuse apostrophe :

« Va voir les fourmis, paresseux !
Observe leur conduite et apprends la
sagesse » [39].

Le sage réprouve tous les genres de débauche, la gourmandise, l'ivrognerie [40], le désordre des mœurs [41]. La prudence, la patience, la modestie sont l'objet de ses recommandations.

Le père de famille surtout doit être un sage afin de maintenir le bon ordre dans sa maison et d'enseigner la sagesse à ses enfants. On conseille au mari de rester fidèle à l'épouse de sa jeunesse, ce qui est peut-être une réprobation indirecte de la polygamie et du divorce [42]. Le lien du mariage est sacré [43]. Le crime d'adultère est regardé comme une abomination et la source des plus grands maux [44].

Alfred Loisy

Le sage n'insiste pas trop sur les défauts du père ou du mari avec lequel il s'identifie ; mais il a des réflexions piquantes sur les femmes acariâtres :

> « Mieux vaut, dit-il, habiter sur
>   l'angle d'un toit
> Que dans la maison, avec une femme
>   querelleuse » [45].

Il n'en apprécie que mieux la femme vertueuse et d'agréable humeur :

> « La maison, la fortune, sont un héri-
>   tage paternel ;
> C'est Iahvé qui donne une femme in-
>   telligente » [46].

L'éloge de la « femme forte « énumère toutes les qualités d'une bonne maîtresse de maison, d'une ménagère active et économe [47]. Le sage ne pense pas que la beauté de la femme puisse tenir lieu de tout le reste et réalise pour elle la perfection. Il exprime sa manière de voir sur ce sujet par une comparaison un peu hardie peut-être pour notre goût :

> « Un anneau d'or au nez d'un
>   pourceau :
> Une belle femme sans pudeur » [48].

Il ne parle guère de l'influence morale de la

Les proverbes de Salomon

femme au sein de la famille : c'est seulement lorsqu'elle est déjà vénérable par son âge qu'elle remplit auprès de ses enfants le ministère de conseil qui appartient en tout temps au chef de la maison.

Ses principes d'éducation sont sévères. On doit observer l'enfant, car

> « L'enfant même fait connaître par
>   ses actes
> Si sa nature est innocente et
>   droite » [49].

On ne doit pas craindre de le corriger, non seulement en paroles, mais avec le fouet, parce que

> « La sottise enlace le cœur de
>   l'enfant ;
> Mais la verge de la correction la chassera bien loin » [50].

Pourtant, il faut garder une mesure dans les châtiments corporels [51], et l'on doit aussi proportionner les leçons à l'âge pour qu'elles soient vraiment utiles [52].

Dans la société, le sage s'occupe surtout des rois et de ceux qui sont chargés de rendre la justice. Il ne se permet pas d'adresser des conseils aux prêtres et il ne parle pas d'eux non plus que des prophètes. Mais comme il a fait de la religion le premier devoir de l'homme, il déclare aussi qu'elle est le plus solide fondement d'un Etat et la garantie de sa prospérité [53].

Plus le pouvoir des rois est grand, plus il doit être en toutes choses réglé par la justice. Le prince doit haïr et châtier les méchants, détester la violence et la rapine, ne pas multiplier les impôts, se conduire d'après les conseils d'hommes sages [54]. Celui qui opprime son peuple est comparé à un lion rugissant, à un ours affamé [55]. La mère de Lemuel recommande à son fils de protéger le droit des faibles [56]. Cette sage personne lui dit aussi :

> « Ne livre pas ton bien aux femmes,
> Ni ta vie à celles qui perdent les rois.
> Ce n'est pas aux rois à boire le vin,
> Ni aux princes à goûter la boisson,
> Peut-être, ayant bu, oublieraient-ils le droit,
> Et se tromperaient-ils dans le jugement des malheureux.
> Donnez la boisson au misérable,
> Le vin à ceux qui sont dans la douleur ;
> En buvant, ils oublieront leur pauvreté,
> Ils ne se souviendront plus de leur misère » [57].

Mais si le sage n'ignore pas ce que les rois doivent être, il sait bien aussi ce qu'ils sont parfois.

Il constate les effets que peuvent avoir la bonne ou la mauvaise humeur du prince, ses qualités ou ses défauts, et il donne ses conseils en conséquence. Si l'on veut obtenir une faveur, on ne doit pas se présenter les mains vides ; il faut s'observer en présence du roi, se conduire avec prudence et modestie, ne pas prendre, par exemple, une place trop élevée à table, et, quand on y est, veiller sur son appétit [58].

Entre eux, les hommes doivent être justes et bons. La fraude dans les transactions commerciales est particulièrement condamnée ; de même, le faux témoignage, la calomnie et le mensonge [59]. Le sage explique très bien les inconvénients de la médisance :

> « Le discours du médisant est comme
>   un friand morceau :
> Il descend au plus profond des entrailles » [60].

Il faut éviter les disputes par la douceur du langage ; ne pas intervenir dans la querelle d'autrui, vu que « c'est prendre un chien par les oreilles » [61].

S'il y a un litige difficile à trancher, le sage approuve qu'on recoure à la voie du sort pour le résoudre par une espèce de jugement de Dieu [62].

L'esprit de mansuétude qui pénètre les conseils du sage se manifeste principalement dans ce qu'il dit de l'aumône et des égards qui sont dus aux pauvres :

> « Qui fait l'aumône au pauvre prête à
> Iahvé :
> C'est lui qui paiera la dette.
> Maltraiter le pauvre, c'est faire injure
> à son créateur :
> C'est l'honorer que de prendre en
> pitié le malheureux » [63].

De ce côté, la morale des sages dont nous avons relevé plus haut les tendances quelque peu utilitaires, a des affinités avec l'Évangile. On voit déjà ici que les pauvres et les faibles sont les clients de Dieu, ses amis préférés, et que le royaume des cieux sera pour eux. Un trait qui se rapproche également de la morale chrétienne est la défense faite au sage de se venger : il doit même faire du bien à ses ennemis. Ajoutons cependant que le motif allégué pour justifier cette proscription n'a rien d'évangélique : Iahvé se chargera de la vengeance [64].

De même, c'est un avis médiocrement charitable, mais tout à fait digne d'un père de famille prudent et économe, que celui de ne pas se rendre caution pour autrui. Il est fondé sur le même principe que notre proverbe : Qui répond paie. Les sages reviennent très souvent sur ce point et il faut croire que l'état social justifiait leur conseil [65].

Le soin de leurs intérêts n'empêche pas les sages

d'être sensibles à l'amitié. Mais il faut savoir choisir ses amis et ne pas compter sur un grand nombre.

Rien de plus rare qu'un ami digne de ce nom [66] ; pourtant cela se trouve :

> « L'ami véritable est ami dans tous les
>   temps :
> C'est un frère qui est né pour le jour
>   de l'adversité » [67].

Nous terminons sur cette pensée notre exposé de la morale des sages. Ce que nous en avons dit suffit pour en donner une idée. Malgré quelques lacunes ou imperfections dont nous avons exagéré plutôt qu'atténué la portée, cette morale est très pure et très élevée dans son principe, son objet et son but. Son principe est le sentiment du devoir, joint à celui des justes exigences de la nature humaine. Son objet comprend les principales obligations individuelles, domestiques et sociales. Son but est de procurer à Dieu la gloire, à l'homme le bonheur. Ses préceptes sont, dans la forme, très bien adaptés à l'enseignement populaire. Le plus grand nombre d'entre eux conserve aujourd'hui sa valeur malgré la différence des milieux : c'est que l'enseignement des sages est fondé sur les principes de la raison qui sont éternels et sur la connaissance de la nature humaine qui est la même dans tous les temps.

Alfred Loisy

1. Méliton de Sardes, S. Justin, Clément d'Alexandrie, Origène, S. Cyprien, Hégésippe, S. Irénée et d'autres anciens ont employé le nom de Σοφία Σαλωμῶνος ; Eusèbe, *Hist. eccl.* IV, 22. Les Proverbes sont aussi appelés dans le Talmud « livre de la Sagesse. »
2. Par exemple, dans le titre, *Prov.* I, 1-6.
3. *Prov.* VIII, 22-26.
4. *Prov.* III, 6.
5. *Prov.* VIII, 27-31 ; Cf. III, 19-20.
6. Cf. *Jean,* I, 3.
7. *Prov.* I, 20-21 ; VIII, 1-3.
8. *Prov.* II, 6.
9. *Prov.* I, 20-21 ; VIII, 1 3 ; IX, 1-5.
10. *Prov.* I, 4.
11. *Prov.* IV, 1-5.
12. *Prov.* VI, 22, 1,8.9 ; III, 13-18 ; VIII, 12-18.
13. *Prov.* IX, 13-18.
14. *Prov.* IX, 1-11.
15. *Prov.* I, 8-14.
16. *Prov.* II, 16-18.
17. *Prov.* I, 22 ; XIV, 5.
18. *Prov.* I, 26-27 ; XI, 6 ; XIX, 29 ; XXI, 16.
19. V. par exemple *Prov.* VII.
20. *Prov.* X, 14 ; XVIII, 2, 6 ; XX, 3 ; XXII, 10 ; XXI, 24 ; XXVI, 11, 16 ; X, 25, 27.
21. *Prov.* V, 21-22 ; XV, 3,11. Cf. *Ps.* CXXXIX (vulg. CXXXVIII).
22. *Prov.* XVI, 9 ; XIX, 21 ; XX,24 ; XXI, 1 ; XXI, 30-31.
23. *Prov.* XVI, 1.
24. *Prov.* XVI, 4.
25. *Gen.* II, 7.
26. *Prov.* XVII, 22 ; XVIII, 14 ; XX, 27
27. *Prov.* XIV, 10 ; XV, 28 ; XVI, 1,23
28. *Prov.* II, 10 ; XIV, 10 ; XXI, 10.
29. *Prov.* II, 20-22 ; III, 1-2, 11-12, 31-35 ; X, 2, 27, 30 ; XI, 8, 9 ; XII, 28 ; XXIV, 15-16.
30. *Prov.* XXIV, 21-22.
31. *Prov.* VI, 31-35.
32. *Prov.* XXI, 17 ; XXV, 27.
33. *Prov.* XII, 16 ; XXI, 14.
34. *Prov.* XXVIII, 6 ; XXIX, 26.
35. *Prov.* I, 7.

Les proverbes de Salomon

36. *Prov.* XXI, 3. 27.
37. *Prov.* XX, 25.
38. *Prov.* XX, 9 ; XXVIII, 14.
39. *Prov.* VI, 6. Cf. X, 4-5.
40. *Prov.* XXI, 17 ; XXIII, 29-21, 29-35.
41. Très souvent dans les neuf premiers chapitres. Cf. *Prov.* XXII, 14 ; XXIII, 26-28.
42. *Prov.* V, 15-20.
43. *Prov.* II, 17.
44. *Prov.* VI, 20-35.
45. *Prov.* XXI, 9. Cf. XIX, 13 ; XX, 13 ; XXVII, 15-16.
46. *Prov.* XIX, 14. Cf. XVIII, 22.
47. *Prov.* XXXI, 10-31.
48. *Prov.* XI, 22.
49. *Prov.* XX, 11.
50. *Prov.* XX, 15. Cf. XIII, 24 ; XXIII, 13.
51. *Prov.* XXIX, 18.
52. *Prov.* XX, 6.
53. *Prov.* XI, 10-11 ; XIV, 34 ; XXVIII, 28 ; XXIX, 2.
54. *Prov.* XVI, 10, 12, 13 ; XVII, 7 ; XVIII, 5 ; XX, 8, 18, 26, 28 ; XXVIII, 16 ; XXIX, 4, 14.
55. *Prov.* XXVIII, 15.
56. *Prov.* XXXI. 8-9.
57. *Prov.* XXXI, 2-7.
58. *Prov.* XVI, 14-15 ; XVIII, 16 ; XIX, 12 ; XX, 2 ; XXIII, 13 ; XXV, 6-7.
59. *Prov.* XI, 1 ; XX, 10,23 ; X, 19 ; XII, 22 ; XIII, 3 ; XIX, 9 ; XXIV, 22-29 ; XXV, 18.
60. *Prov.* XVIII. 8. Cf. XXVI, 22.
61. *Prov.* XV, 18 : XXV, 8,15.
62. *Prov.* XVI, 33 ; XVIII, 18.
63. *Prov.* XIX, 17 ; XIV, 31. Cf. XVII, 5 ; XIX, 1 ; XXI, 13 ; XXII, 9 : XXIII, 10-11.
64. *Prov.* XXIV, 17 ; XXV, 21-2
65. *Prov.* VI, 1-5 ; XVII, 18 ; XXII, 26-27.
66. *Prov.* XIX, 4,6,7 ; XXII, 24-25.
67. *Prov.* XVII, 17. Cf. XVIII, 24 ; XXVII, 10.

Du même auteur : *Le Livre de Job traduit de l'hébreu avec une introduction.*

L'Évangile et l'Église

La consolation d'Israël (second Isaïe)

Copyright © 2023 Alicia Éditions
Crédits : Alicia ÉDITIONS, www.canva.com
Version éditée et plus contrastée du "Roi Salomon dans la vieillesse" de Gustave Doré (1866)
CC4 utilisateur Yitzilitt File:King Solomon in Old Age higher-contrast version (square cropped on body).png
https://commons.wikimedia.org/wiki/File:087.King_Solomon_in_Old_Age.jpg

www.ingramcontent.com/pod-product-compliance
Lightning Source LLC
LaVergne TN
LVHW021337080526
838202LV00004B/211